당신은
하루를 건너는
노을

당신은
하루를 건너는
노을

홍창수 시집

■ 시인의 말

첫 문장
첫 줄 같은
엽서를 띄워 보내야 할 차례
당신은 하루를 건너는
노을 같은 버팀목입니다.

이제
시간의 책장
어느 갈피에도
머물지 않겠습니다.

2024년 10월, 조천에서
홍창수

■ 차 례

1부
침묵의 힘

섬은 바다의 가락지 – 13
닿지 않는 곳 – 14
유월 – 15
우산을 펼친 날 – 16
마지막 잔을 비웠다 – 17
보지도 듣지도 못한 당신 – 18
날 저물도록 – 19
침묵의 힘 – 21
한 생각 – 22
당신은 하루를 건너는 노을 – 23
메밀밭 메밀꽃 – 24
동백 – 26
혼자만이 아니기를 – 27
끝 여름 – 28
가을이 오면 – 29

2부
헛꽃에게

시월에 띄우는 편지 - 33
가을빛 - 34
마지막 문장 - 35
잔인한 겨울 - 36
고요한 첫눈 - 37
꽃이 웃는 시점 - 38
물들이는 계절 - 39
마른 뿌리 - 41
어느 좋은 날 - 42
청춘의 그물 - 43
마음 없이 - 44
하늘로 한 발짝 - 45
헛꽃에게 - 46
진리 - 47
그대 가는 길 - 48

3부
비의 종착역

꿈꾸는 감귤 - 51

명상 - 52

세상이 좋아졌다 - 53

봄 기도 - 54

당신 생각 - 55

사소함에 대하여 - 56

여름 향기 - 57

오래된 기억 - 59

어둠이 내리면 - 60

허리 굽은 사람 - 61

깊어진다는 것 - 62

미완의 수국 - 63

네게로 가는 길 - 64

비의 종착역 - 65

산국화 당신께 - 66

세밑이 가까워 오니 - 67

4부
곡선이 좋다

봄이 지나간다 – 71
끝 여름 – 72
겨울비 – 73
곡선이 좋다 – 74
가을이 슬프지 않게 – 75
홍시 – 76
참회의 시간 – 77
목쉰 음표 – 78
해 질 녘 조천포구 – 79
그대 슬픔이 내 것처럼 – 80
풀린 봄 어느 날 – 81
눈을 뜨다 – 82
백일홍 옆에서 – 83
나무는 모른다 – 84
방황 – 85

■ 해설 | 삶의 원형을 찾아가는 순수 서정의 미학 – 86
_장한라(시인)

1부

침묵의 힘

섬은 바다의 가락지

바다가 배경일 때 섬은 가장 아름답다

완도행 뱃머리 언제나 파도 친다
한참을 지나서 배는 균형을 잡는다
바다와 바다 사이 점점이 섬
좁혀진 시야에 들어온
완고한 섬의 고집을 보았다

은빛의 광휘로 떨고 있는
섬은 바다가 토해낸 한 줌의 그리움

섬은 새끼손가락에 낀 바다의 가락지
생각을 접었다
낙조가 아름다운 것은
섬이 풀어내는 노을 때문

해넘이에 생각을 펼쳤다
수면 위 바다가 호응하며
별빛 고요히 부려놓는다

닿지 않는 곳

길 묻던 낯선 여인
그대 떠난 길 아닌 길
음지에 쓸고 간 바람 본 듯도 해서
묻지 않아도 낙엽은 지는데
그대 머무는 가까이
잎 지는 소리 아득했습니다

내 것이어도
낯선 것은 내가 아닙니다
손 뻗어 닿지 않는
머리맡 바람이 이는 듯도 해서
무르익는 길 아닌 길

한 번은 시처럼 살고 싶었는데
오래간다고 어이 닿는 것일까

크게 보이는 가난한 가을

유월

강하고 굳센 튼실한 꽃대
분질러버린 바람을
한 번도 미워한 적 없습니다

밤새 담 넘어간 넝쿨
한 번도 탐욕이라 생각한 적 없습니다

쓸모없는 자갈밭일지라도
미움과 탐욕을 버리면
조릿대에 남는 것은 사랑하는 일뿐

푸르름이 철썩
물러설 수 없는 유월
모란이 피워낸
반나절이 내 사랑입니다

우산을 펼친 날

구름이 젖고
풍경이 젖는다

아스팔트가 젖으며
슬픔도 젖어 든다

젖지 않는 삶이 있을까

굳은 땅은 비 온 뒤 생긴 것일까

나의 사랑은
어디쯤 젖어 있을까

마지막 잔을 비웠다

처마 끝 낙수는
구름이 저지른 눈물

해변 모래성은
파도가 토해낸 눈물

빈 절터 저리도 슬피우는
뻐꾸기 울음은
사라진 어느 왕조의 눈물 같아

손거울 앞에 자주 글썽이던 당신
당신 때문에 우는 날이 많아졌다

이 악물고
마지막 잔을 비웠다
바보 같이

보지도 듣지도 못한 당신

저리도 구슬피 우는 한나절
뻐꾸기 바람은 불지 않고

오뉴월 하룻볕이 무서운
누구라 부르리
보지도 듣지도 못한 당신

밤새 떨며 피고 진
한 송이 들국화
나가 본 강가엔 달은 없었다

눈 촉촉이
잠도 젖은 하얀 밤
뜬 눈으로 온전히
지켜볼 것은

날 저물도록

한여름 소나기 속에서도
굳세게 버텨온 꽃들과
여린 마음으로 피워낸 가을꽃들과
귀뚜라미 늙은 부부 목쉬도록
애타게 가을을 노래합니다

지켜보며 산다는 건
아름다운 일

가을 향기 노래하는
시간의 질서 속에서
생성과 소멸이 격돌하는 순간
끝이 눈앞에 보일지라도
쪼갤 수 없는
바람이 한쪽에서 불어옵니다

종속되지 않는 서로 다른 공간
영혼의 동굴, 침묵의 동굴에서
완전한 자기 자신으로 존재하는 시간

불어오는 바람에 몸을 맡기고
추억 가득 껴안으면
인생은 풍요로 가득할 것을

침묵의 힘

등대 그늘을 비껴 푸르스름한 햇살
지금은 고요하게 주변을 살펴야 할 때
정신이 활개 칠 수 있는 한때

바다를 오래 들여다보고 있으면
비울 것도 없고
채울 것도 없어진다
매이지 않고 자유롭고 편안하게
즐길 뿐이다

한 점 때 묻지 않은 순수의 바다

날마다 언어의 근육이
조금 더 단단해지길 바라
현실과 이상, 삶과 죽음
예술과 철학 밀물 되어 들어온다

한 생각

구름은 올려다보지 마라
산은 내려가라 하네
여울진 물은 서두르지 않는다
강물이 말하네
잎 지고 단풍 드는 가을산 참고 기다리는
겨울이 되라 하네
생각 끝에
불끈 거머쥔 손 구명 숭숭한 바람이 분다
안으면 가득한 저녁
그리워집니다
붙잡지 못한 한 생각이 물들어 가는 가을 저녁

당신은 하루를 건너는 노을

노을에 물든 바람을 타고
하늘을 날아오릅니다

전깃줄 보지 못하던 까치들
꽁지를 까닥이며 우짖는데

눈 닿은 **빨간 우편함**
손 넣어 텅 빈 속 더듬어본다
대답 대신
안부가 바다로 흘러가고

당신은 바다를 건너지 못하는 산처럼
멀고도 멀어
사람을 만난다는 것은 몸살을 앓는 일

몸속에는 꺼질 듯 말 듯 깜빡거리는 신호등

메밀밭 메밀꽃

우체국 전신줄 까마귀가 목청껏 부르짖는다
혹시나 해서 산등선 꽃잎 다 떨군 철쭉
사람이 그립다며 글썽인다
산은 뿌리째 뽑힌 가파른 산길 하나
남녘에서 순한 바람이 분다
긴가 해서 바다 보이는 중산간 언덕배기
거들떠 보이지 않는
메밀밭 메밀꽃
다문 입 열지 않는다

머리끝 힐끗한 들판 모서리
뭉개진 오솔길 하나
사람을 만나는 것이
몸살을 앓는다는 것임을 미처 몰랐다

꽃 지고 외로워도
가지 않을 수 없는 길
옷깃을 여미는 초록입니다

첫 문장 첫 줄 같은
엽서 띄워 보내야 할 차례

수평선 보이는 바닷가에
빨간 우체통 꽂아 놓았습니다

동백

제비 돌아온다는데
눈이 내립니다
잊었는가 했는데

뚝뚝 떨어지는 직선은
누구의 서러움입니까

내 몸에 흐르는 피는 붉고 붉은데
잊었는가 했는데

뿔뿔이 헤어진 꽃잎은 보이지 않고
무엇하며 어디서 울고 있는지
내 가슴 가로질러 흥건하게 물들인
붉은 꽃물은 누구의 마음입니까

전봇줄에 제비 날아와 앉았는데
눈이 내립니다
잊었는가 했는데

혼자만이 아니기를

까맣게 타들어 가는 가슴
그대가 켜놓은 촛불 아니기를
쌓인 만삭의 슬픔
그대가 저지른 저녁노을이 아니기를

노을 지고 불꽃마저 녹아버리는 날
언제나 그대는 벼랑 끝 부는 한 줄기 바람

눈 그친 뒤꼍의 동백 언 손 비비며
눈 밟고 온 그대 붉은 마음
어찌해야 합니까
선 채로 뚝뚝 떨어지는 피눈물
또 어찌해야 합니까

잔인한 이월이여

끝 여름

시퍼렇게 몰려온 먹구름
씻은 듯 걷힌 빈 하늘
아득하고 아득하여
해 빠진 뒤뜰 후미진 곳
한 포기 해바라기 심었다
졸던 낮달이
소스라쳐 깨어났다
영문도 모르고 마음 실어
시린 눈 뜰 수 없다

가을이 오면

가을이 오면 누운 풀자리에서
곰삭은 뿌리 살냄새 납니다
들판을 누비던 돌바람
얼른 겉옷을 벗어 덮어 줍니다

가을이 오면 새떼 날아오릅니다
바라보던 갈대들이 주섬주섬 터진 실밥을 꿰맵니다

숲은 제자리에 있습니다
바람과 갈대 사이
어떤 말도 오고 가지 않았습니다
갈잎으로 넉넉한 갈대숲 저녁
가을이 깊어 갑니다
가을은 제 모습으로 아름답습니다

2부

헛꽃에게

시월에 띄우는 편지

문 없는 바람벽
고독인 줄 알았습니다
벌레 우는 풀밭 뒹구는 바람소리
그리움인 줄을

장독간의 푸른곰팡이
사랑인 줄 알았습니다
뿔뿔이 흩어지는 낙엽들
부활인 줄 알았습니다

그때처럼 발 담그고 시냇가 물소리
당신의 음성인 줄 알았습니다

뜨락에 피어난 들국화 한 송이
고운 당신인 줄 알았습니다

가을빛

말이 없이도 눈빛은 스미어 그늘이 됩니다
시퍼런 억새풀 가슴 조이며
그대 머문 창가에 서 있습니다

꽃그늘 아래 처음 만난 언약
낙엽 되어 흩어집니다

두 사람 걷는 산길
한풀 꺾인 울음소리
가슴 휜 가을, 단풍이 듭니다

너는 나에게 나는 너에게
단풍이 붉게 물들었습니다

마지막 문장

밟혀 짓눌린 거리의 풀꽃들
방황인 듯 철없이 보내고

댓돌 위 신발 한 짝처럼
바람벽에 꼼짝달싹 못하는
벤치 위 낙엽들 깊은 생각처럼
쓸려간 모래톱
물웅덩이 잔잔한 파도의 물결같이
손톱 열 손가락에 노랑 물들이는
봉선화 귤사랑 같이
저녁 무렵
씨 뿌리는 농부의 시름같이
팔리지 않는 낡은 시집
마지막 문장 한 구절같이

그렇게 살다가 마친 생이여
불어닥칠 겨울 앞에 너를 본다

잔인한 겨울

눈이 내립니다
흔적 없이 자국을 밟고
마른 눈물에 기억이 흘러내리듯
눈이 옵니다

돌무더기 지나
들판을 지나 조문하듯
눈이 옵니다

한 꺼풀 억새 흔들고 갔을
꺼져버린 불씨
바람의 폭력
어느 영혼의 멍자국이라 했습니까

고요한 첫눈

기대어 어깨 들썩이며
삼킨 울음 심장을 지나
명치끝 지나 물 마른
징검다리 건너갔습니다

피지 않는 침묵이 있어
두근거리는 맥박 짚어봅니다

살아남은 자에게 질책하듯
가슴 죄는 죄책감과 고통
심장에 박히다가
절룩거리는 다리 위로 내리는 눈

당신을 만나 깨지 않을
행복한 꿈을 꿉니다

꽃이 웃는 시점

학교 가는 길 골목에
쓸쓸하게 코스모스 피어 있네요
가방 안에 분홍 자주 하양 보라 색연필

여선생님의 미술 시간
쓸쓸한 골목이 생각났어요
색연필 꺼내어
꾹꾹 눌러 그렸어요
세찬 바람에도 꺾이지 않을
튼튼하고 예쁜 코스모스를

한 장씩 꽃잎 그릴 때마다
빙그레 코스모스 웃습니다 덩달아
선생님도 활짝 웃었고요

우리 반 교실은 웃음바다가 되었습니다
웃을 때 꽃은 더 예뻐집니다

물들이는 계절

해거름 골목을 빠져나간 순한 바람이
그대 뒷모습인 줄 모르고
옷깃 여미고 싶은 이슥한 밤

까닭 없이 소매 한 자락 일렁거릴 때
가슴 미어지는 어둑한 밤이 있다
흐르다가 맴돌다
달라붙은 상사화 잎 하나
그 그늘 붉음이 사랑인 줄 모르고
가슴 미어져 오는

와락
노을빛 타는 산등선
불 지피지 마라
휘감고 돌아가는 강줄기 무심하다 생각 마라
서로가 서로에게
물들고 물들이는 계절

지붕에 박꽃 핀 배경으로 걸어가는
당신의 뒷모습에 물들고 싶다

선착장 뱃머리
저문 달 뜨거들랑
달맞이꽃 피었다 전해 주오

마른 뿌리

일 년 치 낙엽 다 지고
그대 감싸줄 따스한 온기 사라진
아침 이슬에서 보았습니다
내가 어질러놓은 그대 매듭
한 올 보고 말았습니다
스미는 풍경마당 저녁 햇살에서

마음 주고 싶은 가을 저물어 갑니다
옛날은 가고 없어도
그대 눈동자는 살아 있습니다
떼어 놓지 못한 발걸음 붙들고 있습니다

어느 좋은 날

바람이 불었다
목살 좋은 나뭇가지 심하게 흔들렸다

한숨도 잠들지 못한 새 식구들
아침 햇살이 비스듬히 새가슴에 들이닥쳤다

날개는 밤을 접고 허공은 허공을 접는다
잠시 지구가 흔들리는 듯했다

잎 무성한 키 큰 늙은 소나무
햇살에 달군 이파리 마구 덮어 주었다

내가 떨고 있을 때 당신이 그랬듯이

늦가을 햇빛이 밤을 이기고
곤히 잠들었다

청춘의 그물

형언할 수 없이 아득한
산허리 나르시스 같은
나무 뒤의 실루엣
서늘한 저녁 공기가 골목을 빠져나간다

움켜쥔 손 사이로 설핏 떠오르는 추억들
변조된 흑백 사진 가만히 들여다본다

근시안 안경 너머로 세상 아닌 게 없다
어제 같은 오늘 어이 하랴
충혈된 마지막 달력을 넘긴다

내렸다 그쳤다 허공을 떠도는 눈발
물살 빠듯한 개울 발목이 시려 온다
개봉되지 않은 영혼을 자꾸 더듬어본다

마음 없이

불면 날아가는
풀씨 같은 마음
연잎의 물그림자 두엇 기웃거리다가
이삭 줍던 여인은 먼빛 본 듯도 해서
마음 없이 탑사에 들렸다
사랑하면서 미움은 더하고
미워하면서 사랑은 더하고

하늘로 한 발짝

구멍 뚫린 양말처럼
생의 빈칸 한 땀 한 땀 꿰매었던
이슥한 밤이 오고

빗나간 화살 과녁에서
당신은 너무 먼 곳에

혼자 출렁이는 들녘의 억새풀
마음 가는 나의 그리움

슬퍼하지 말자
꽃 진다고
사라지는 것은 태어나기 위해
하늘로 한 발짝 걸음마이니

울지 말자
무덤 앞에서
당신은 거기 없으니
살아생전 그리워하자
그립도록 그리워하자

헛꽃에게

시선이 닿는 꺾인 가지 끝
울고 있는 가을 까마귀같이

헐린 담 모서리에 숨다 들킨 바람 같이
젖은 아스팔트 위
질척거리는 가로등 불빛같이
사랑이란
목이 말라 마시는 한 모금 갈증 같은 것

낙엽 지고 첫눈 내릴 때쯤
편지하겠습니다

갈증보다
글썽이는 그대 눈물이고 싶은

진리

구름은 흩어져 잘 산다
구름은 길 아닌 길 잘도 간다
바람을 만나도
길 아닌 길 바람처럼 가고
구름을 만나도
길 아닌 길 구름처럼 간다

구름은 흩어져 잘 산다
가뭄에는 단비처럼 농부를 만나고
외로울 때는 구름에 달 가듯 시인을 만난다
산마루 넘어가는 구름은 길 아닌 길 없다

구름은 흩어져 잘 산다
노 저어 강 건너는 뱃사공
몇 물인지 물때 묻지 마라
구름은 옆구리에 세월을 끼고 산다

어찌하랴 흐르는 세월
가는 구름을
구름은 흩어져도 잘 산다

그대 가는 길

가끔은 그리워합니다

갈라진 그대 발바닥에 박힌 돌무늬
숨겨둔 길섶의 그루터기 뿌리
심장에 흐르던 푸른 시냇물 소리

대지는 모두 헐리고
메밀꽃 지고 피는 언덕배기
뿌려 놓은 달빛이고 싶습니다

그대 가는 길이면 발등 찍는
덩굴이며 가시덤불 모두가 아름답습니다

미세한 떨림으로
발아래 나부끼는 제비꽃
보랏빛 잎새가
내 사랑이라 혼자 중얼거렸습니다

3부

비의 종착역

꿈꾸는 감귤

감귤이 익는다
핼쑥한 얼굴로
잎과 이파리 사이
지는 초승달처럼
뚝뚝 떨어지는 과즙
한아름 안고 꾸는 꿈
보름달처럼 익는다
장독대에 살얼음 끼고
바람 부는 날
마실 나온 낮달처럼
감귤이 익는다
쟁반 위 노란 감귤 바라보면
내가 익는다

명상

후드득 밤이 밀어내는 바람 소리
그대 선잠을 깨운다
슬레이트 낡은 지붕
등골을 나고 온 낙숫물
내 안의 고요를 밟고 뚝뚝 떨어진다

낮게 낮은 곳으로 떠밀려
길숲 작은 덩이에 몸 누일 때
바람이 먼저 와 있었다
잦아진 수면 위 바람이 가고
구름이 지나가고
청파에 단 돛단배처럼 하늘이 푸르다

세상이 좋아졌다

생각이 깊어진다면
사소한 들꽃들이
처연한 눈빛으로 바라보는
저녁별임을 알게 될 것이다

마음이 넓어진다면
삭막한 꽃 진 자리
작은 열매들을 보는 순간
그대는 이미 순례자임을 알게 될 것이다

사랑이 식지 않았다면
열매 속에 깃든 씨앗들이
부활의 기쁨임을

어찌 사랑을 다 알 것인가
사무친 일 없이

사방이 서로를 포옹한다
덩달아 세상이 좋아졌다

봄 기도

긴 겨울 지나며 감사한 모두에게 기도합니다
그리고 거리감을 두었던 모두에게 기도합니다
차별했던 모두에게 기도합니다

당신이 있기에 내가 있습니다
당신 생각은 나의 기쁨입니다

풀잎에 작은 물방울
무쇠 같은 서릿발을 밀어내고 있습니다
봄은 기도가 일으킨 쿠데타입니다

작고 사소한 것이 세상을 움직입니다

당신 생각

산자락 저편 헐거운 들판 옷 갈아입고
마음 이편 본 듯도 합니다
굽은 나무는 선산에 들고
숲 그늘 풀들은 먼저 눕습니다
꽃지고 바람 불 때도 살아남은 당신
당신 생각이 나를 살게 했습니다
당신은 넘지 못하는 산처럼 우뚝 선,

나뭇잎 한쪽이 마르고 금이 갑니다

가난한 나의 존재
나의 전부입니다

사소함에 대하여

가을이 가을을 듣는다

앞마당 늙은 녹나무
큰 이파리 발등 찍었다
전율 같은 떨림이 목덜미 타고 오른다

꽃상여 지나갔을 뿐인데
무쇠 같은 허공을 가슴에 묻고

파닥이던 물고기 몇 마리
숨 끊어졌을 뿐인데
북적거리던 장군들
어둑한 골목으로 사라진다

사소함이 우주를 건너간다

홍예문 징검다리
새털구름이 다리를 건너가는데
그대는 가을 어디쯤
목 적시고 있는가

여름 향기

눅눅한 지붕 끄트머리 핀 박꽃
빗물이 흥건하다
늘어놓은 한나절 빨래
물미역처럼 마른다

달라붙은 생의 갈피
한 장을 넘기지 못한다
개구쟁이가 흙탕물 튕기며
패인 아스팔트 길을 건너간다

불어난 계곡
박혀 있던 돌멩이들
조약돌인 줄 모르고 떠내려간다

생의 한 무게를 눈금 없는 저울에 달아본다

길 끝에는 바다가 있다
짠물이 닿기 전에 강은 천천히 흐른다

후드득 밤이 밀어내는 바람 소리
그대 선잠을 깨운다
낡은 지붕 등골을 타고 온 낙숫물
내 안의 고요를 밟고 뚝뚝 떨어진다

낮은 곳으로 떠밀려
길 숲 작은 웅덩이에 몸 누일 때
바람이 먼저 와 있었다
잦아진 수면 위로
바람이 가고
구름이 지나가고
청파에 단 돛단배처럼 하늘이 푸르다

오래된 기억

산골짜기 바위 깊은 곳
그대가 남긴 한 송이 연서
못다 한 철쭉이 떼 지어 피어

찔레 핀 엉성한 덤불숲
푸시시 꺼지는 불꽃

울음 속 박힌 가시 같은 파편
뻐꾸기 우는 소리

매미는 아무리 더워도 울지 않고
그대 심중에
깊은 상처 남기고 날아갔다

어둠이 내리면

어둑어둑 스펀지 물처럼
구석구석 베어 오는 저녁
저물어 가는 과수원

털고 일어나
멀쩡한 것도 흠집 난 것도 모두 살펴야 하는

그대 위해 이 밤 깊어지면
나무는 한 발짝 뿌리내립니다

어두워진다는 것은
상처 입은 영혼이 육신을 끌어안는 것

어둠은 간절한 것

허리 굽은 사람

일주문 처마 끝에서 떨어지는 빗물
세속을 탐하지 않습니다

칡넝쿨이 온몸을 휘감아 멍들어도
나무는 허공을 탓하지 않습니다

열매 소쿠리에 벌레 우글거려도
농부는 하늘과 땅을 원망하지 않습니다

파도는 부서져 백번 사라져도
바람을 미워하지 않습니다

오는 것은 오는 대로
가는 것은 가는 대로 여시아문

더는 갈 수 없는 나뭇가지 끝
허리 굽은 사람이 길을 갑니다

누군가에게 당차게 뻗은 나뭇가지
나무는 그리움이 저지른 사무친 일탈

깊어진다는 것

숨비소리 하나로 바다는 깊어집니다

달빛 하나로 포구는 깊어집니다

집어등 하나로 포구의 밤은 깊어갑니다

그대만으로 나는 깊어 갈 수 있습니다

깊이의 완성은 환장하는 것입니다

미완의 수국

마음이 가난해서
오락가락 장마
때 이른 줄 모르고
뜬구름 하늘만 보네

소나기 성긴 줄 모르고
떠내려가는 도랑물
하릴없이 그 끝 헤아려본다

나무 뒤 보는 바람
그대인 줄 모르고
설익은 무화과 진물만 만지작거린다

잘 익은 칠월 땡볕
그을린 씨앗들
완전을 위해 엽록이 터지도록
태우고 태운다
미완은 아름다운 것
꽃잎 드문드문
미완의 수국 내 사랑

네게로 가는 길

네게로 가는 길
가로등 꺼진 지 오래
헐린 담벼락 그늘에서 여럿 날 보냈다

서서히 침몰해 가는 기억
그대 창가에는 주름진 성애가 가득 차

네게로 가는 길
지평선에 걸리는 아득한 길

부서진 파도가 알알이 박히는 사무치는 길
몸이 기억하는
가지 않을 수 없는 길

밤하늘 별처럼
어둠의 끝은 빛이라

파도 소리 해 저물 줄 모른다

비의 종착역

녹슨 낡은 물받이
벌어진 틈 사이로 방울방울 물이 맺혔습니다
한 곳에 모인 빗물들
제 몸 이기지 못하고 떨어집니다
벌어진 모두는 상처가 되는 것입니까

굳게 닫힌 그대
창을 열지 못하고
넘쳐 내리는 양동이 물끄러미 바라봅니다

여름이 가고 산그림자 길게 드리운 호숫가
희미하게 바랜 나무 벤치가 그리워집니다

햇빛 잘 드는 첩첩산중 창 하나
오두막에 너와 나 단둘이 갇히고 싶습니다
한 송이 꽃처럼

산국화 당신께

당신 아니어도 아무렇게 이삭 줍듯
쓰고 싶은 가을입니다

횡뎅그렁한 우체국 가는 길
인절미 같은 사연들이 모이다가 헤어집니다

당신 아니어도 낙엽 같은 기다림 하나로
가을이 떠나갑니다

무정한 당신
구름 걷히고 말문 트이는 날
외로운 산국화 켜켜이 접어
서리서리 보내오리다

당신이 그랬듯이

세밑이 가까워 오니

숨 쉬는 오늘
깨어 살아있구나
생각을 가진다면 깨달음이다

총총한 새벽별 바라보다가
문득 자신이 혼자가 아님을 느낀다면
그것은 깨달음이다

지는 노을 바라보며
오늘 하루가 무사했구나
한 점 부끄럼 없이 잘 살았다고 생각이 들면
이 또한 깨달음이다

평생을 함께한 사람과
함께 저녁을 먹고
느긋하게 찻잔 마주하고
서로 바라볼 수 있다면
더할 나위 없이 아름다운 날
깨달음의 날이다

무탈하게 가고 오는 일상이
우리의 앉고 일어섬이
그 모든 것이 감사로 여겨진다면
큰 깨달음이다

깨달음은 마음을 보는 일

4부

곡선이 좋다

봄이 지나간다

비탈에 선 나무들의 아침

밤하늘 별 같은
속삭임을 속잎에 꼭꼭
싸서 보낼 사람 하나 있으면 좋겠다

오뉴월 하룻볕이 그러하듯
당신은 분꽃 까만씨처럼
얼굴이 타 있습니다

타서 재 되기 전에 당신을 그리다 지웠습니다

마실 나온 낮달
화들짝 머리채 잡고
내동댕이쳤습니다

소스라쳐 낯선 산문을 빠져나올 때
밤이 까맣게 타 있습니다

끝 여름

시퍼렇게 몰려온 먹장구름
씻은 듯 걷힌 빈 하늘
아득하고 아득하여 시린 눈
해 빠진 뒤뜰 후미진
한 포기 해바라기 심었다

졸던 낮달이
소스라쳐 깨어났다

그 무게 마음 실어 뜰 수 없다

겨울비

한 해가 저무는 막다른 골목
추적추적 겨울비 옵니다

먼 데서 개 짖는 소리 새벽길
쿨럭쿨럭 노인 기침 소리 비에 젖고

쓸쓸한 빈 귤밭에도 내리는 겨울비
전깃줄에 맺힌 물방울 익숙한 벌레소리

지는 것은 업으로 남아 있습니다
사라지는 것은 아름다움을 깨치고 갑니다

곡선이 좋다

전깃줄에 앉은 새 한 마리
가던 길 멈추었다
꽁지 몇 번 까딱이자 한쪽에서 여럿 마리 새가 날아온다

직선을 그리며 팽팽해진 전깃줄
첫 번째 새가 고개 갸우뚱거린다
기도가 끝나자
모두 어디론가 날아간다

굽은 길 곡선이 좋다는 생각
날개처럼 떠올랐다

한쪽에서만 불지 않는 바람

가을이 슬프지 않게

귤나무에 감귤이 열렸다
무게에 겨워 허리 꺾인 가지
나무인들 어찌 고통이 없으랴

나무 앞에서 함부로
계산기 두드리지 마라

나무는 나무이어야 한다

나무에 옷을 입히지 마라
어깨 너머 저녁노을 입은 나무

나무는 나무이어야 한다

돌아와 쭈그리고 앉아
한 줄의 참회록을 썼다
가을이 슬프지 않게

홍시

서로를 껴안고 눈은 녹는데
물오른 감나무 가지에 앉은 갈까마귀
노래하며 고요를 깨뜨립니다
하얗게 이지러지는 낮달의 꼬리

손잡은 둘 아름다워라
멀리서 오는 당신
질퍽한 길 따라
마음이 더딥니다

부디 아프지 마오

천 갈래 만 갈래 목이 메어도
어디선가 길은 만납니다
쌀독의 홍시
서로를 부여안고 익어가는 소리

마르고 뒤틀린 삭정이
그리워라 군불 땐 아궁이

참회의 시간

무섭게 뇌성이 운다
새벽 속옷이 젖는다
램프에 불 붙이고
어둠을 살핀다

꿈틀거리는 적막
더듬거리며 실탄을 장착한다
들리는 것은
새 날개 터는 소리
우주 한 모서리가 삐걱거린다
반듯하게 날이 샌다

목쉰 음표

울 너머 저만치
실려 가는 밭떼기 속
이파리 일 년 치 슬픔이 있다
그대 잠시 머물던 낡은
소쿠리 속
꼭지들의 상처가 들어 있다

속절없이 들락거리던 헛간
등 굽은 나무가 불렀던
목쉰 음표가 숨어 있다

벌레 먹고 상처 입은 낙과
엎드려 줍는다는 것은
봄이 그대를 품고 있기 때문

그대 상처와 슬픔은
내가 나에게 가는 지름길
불패의 내 사랑

해 질 녘 조천포구

바다가 보이는 나직한 언덕배기
빛과 그늘 완곡한 시골길이 나옵니다

눈 시퍼런 파밭의 파꽃들
뿌리째 뽑혀
산자락 돌아나가는
쓸쓸한 저녁

시선 닿는 곳 모두가 풍경입니다

나비도 없는 무채색 꽃
사랑하는 것들이 서서히
벗어나고 있는 것 같습니다

당신 깊은 곳에서 퍼 올린
한 모금 샘물 그립습니다
무사히 돌아온
해 질 녘 조천포구
으스러지게 끌어안으면
잎맥처럼 잔잔한 그대 물결

그대 슬픔이 내 것처럼

벌레 먹은 열매 두서넛
우두둑 수직으로 떨어집니다
생은 고비마다
아픔 하나 간직한 채 살아갑니다

그대 슬픔이 내 것처럼
대지의 뿌리
기우뚱 한쪽으로 흔들렸습니다

앉아서 오리
굴러서 십리
나의 영토입니다
꼭지는 우러러보는 나의 꿈이요
상처는 나의 사랑입니다

땡볕 아래 채송화처럼
모질게 살아갈 일

그대 슬픔이 내 것처럼

풀린 봄 어느 날

햇살처럼 넘어온 한 묶음
찔레를 사랑한 적 있습니다
깊게 박힌 시퍼런 침입자를
사랑한 적 있습니다
가시밭길 한 송이 찔레꽃
필적을 거부한 에이포 용지처럼
그대를 사랑한 적 있습니다
풀린 봄 어느 날
당신을 사랑한 적 있습니다

눈을 뜨다

너는 내가 될 뻔했던 사람
설피 땅거미처럼 짧았으나
물빛처럼 선명했습니다

안개 걷힌 나무들이 풍경의 배경이 되듯
멀어진 우리
바라보는 초점은 잃지 않았습니다

누구를 사랑하는 것은 그대 안에
못다 쓴 시 한 구절 심어 놓고
내 것처럼 들려주는 일입니다

그는 갔으나 보내지 않았습니다
간절함이 사랑의 기적으로 날이 샜습니다

창가에 아침 햇빛 눈부십니다
그가 거기에 있었습니다
기적은 마음입니다

백일홍 옆에서

낮 빛 두꺼운 볕 아래
곁가지 웃가지 가지마다
촘촘하게 꽃등 달았다
하도 붉고 붉어서 알아볼 수
없구나

그대 열정으로
도시에서는 가로등 켜지고
마을에서는 하루가 저문다

익은 낯이 되었으니
달빛 하나로 알아보겠구나

백일홍 피어있는 동안
너무 뜨겁지도 않게
너무 차갑지도 않게
꿈같은 여름밤을 보낸다

나무는 모른다

어떻게 떨어질 것인가
낙엽은 걱정하지 않는다
나무는 그런 줄 모른다
남루를 가리는 병풍이거나
허락 없이 떠내려가는 조각배이거나
흰바람벽이 있었다

나무는 그런 줄 모른다

기억도 추억도 사라진 먼 훗날
먼발치서도 알아보는
한 그루 나무이고 싶다

방황

쓰다 쓰다 못다 쓴
행간의 의미
본다고 다 보이는가
듣는다고 다 들리는가
먼데 옷 벗는 소리

골목을 돌아 나온 바람
너 같기도 하고
너 아닌 너 같기도 하고
아득하고 아득해서

그대 하얀 목덜미
검은 눈동자
목과 눈 사이의 거리가 멀어서
갈 수 없는 길
끝나는 길
예서 걸어가는 사람이 있다

■□ 해설

삶의 원형을 찾아가는 순수 서정의 미학

장한라(시인)

『당신은 하루를 건너는 노을』은 홍창수 시인이 4년 전 발간한 『바람의 헛간』, 『홍창수 모릅니다』에 이어 오래된 동백의 꿈을 이룬 그 세 번째 결실이다.

홍 시인의 시가 가진 건강성은 제주 조천朝天의 흙을 밟으며 인생 3모작 감귤농사를 근간으로 말미암는다. 농작물을 돌보고 귀가하는 동안에도 그는 응시와 통찰로 자연의 생명성과 계절의 전언을 받아 적는다. 삶 자체로 고스란히 시를 누리고 시로 즐기며 살아가는 시인이다. 날마다 시적 환경을 자아내며 시를 쓰는 동력과 단단해진 시의 근육으로 밀도 높은 서정적 언어를 표출하고 있다.

시인에게 있어 시는 숨골과 같은 삶의 중심이다.

평범한 어느 하루도 시가 있는 한, 숭고한 의미를 지니게 된다.

홍창수 시인의 시적 감수성과 자연에 대한 통찰의 발현은 그의 생래적인 것으로 여겨진다. 세찬 바람 속에서도 뜨거운 가슴으로 노을을 노래할 수 있었던 저변에는 가족의 응원이 힘을 실어주었음을 그의 시편에 묘사되어 있다.

또한 자연을 스승 삼아 자연에 따라 살아야 한다는 생각이 이 시집의 시편들 대부분에 드러나 있다.

일상을 한 편의 시로, 갈한 목 축이는 샘물로 길어 올리는 홍창수 시인을 '해 질 녘 조천포구'에서 만난다. 시인은 시로 말한다.

> 바다가 보이는 나직한 언덕배기
> 빛과 그늘 완곡한 시골길이 나옵니다
>
> 눈 시퍼런 파밭의 파꽃들
> **뿌리째 뽑혀**
> 산자락 돌아나가는
> 쓸쓸한 저녁
>
> 시선 닿는 곳 모두가 풍경입니다
>
> 나비도 없는 무채색 꽃
> 사랑하는 것들이 서서히
> 벗어나고 있는 것 같습니다
>
> 당신 깊은 곳에서 퍼 올린
> 한 모금 샘물 그립습니다
> 무사히 돌아온
> 해 질 녘 조천포구

으스러지게 끌어안으면
잎맥처럼 잔잔한 그대 물결

- 「해 질 녘 조천포구」 전문

 하루 일을 마치고 집으로 돌아가는 농부의 길에 "눈 시퍼런 파밭의 파꽃들"에 눈길이 간다. 땅을 딛고 일하며 육체의 피로함을 끌고 가는데 "뿌리째 뽑혀" 알싸한 파 향이 쓸쓸함을 몰고 오는 저녁이다. 폭죽처럼 피어난 파꽃에 마음이 가며 눈여겨보는 자신의 심경도 파꽃으로 이입된다.
 생의 막바지에서 피어나는 파꽃, "나비도 없는 무채색 꽃" 칠십여 년 살아온 일생에 견주어 본다. 뿌리를 내려 생명을 키우고 중요한 축을 세워 놓고 성공가도를 달리다 절정인가 싶어 돌아보면, 몸이 마음 같지 않은 황혼을 향해 나아가는 쓸쓸함인 것을.
 제 속을 파먹고 대를 세우며 꽃을 피웠건만 질겨진 파는 더 이상 먹거리는 되지 못한다. 농부의 입장에서는 꽃보다 먹을 수 있는 작물이 우선이니 꽃을 피운 파는 가치가 없어진 셈이다. 농부이자 시인의 시각에서는 파꽃의 아름다움과 절정의 생명력을 그냥 두어도 좋으련만 뽑혀 나감에 대한 애틋하고 쓸쓸한 현실을 애써 지울 수밖에, 그리고 곧 맞이할 "한 모금 샘물" 따뜻한 가족을 떠올린다. "무사히 돌아온/ 해 질 녘 조천포구"에 들어서면 "잎맥처럼 잔잔한" 왠지 모를 심신의 안정과 평안이 찾아든다.

  삶의 터전을 오가며 느끼는 소박한 행복을 시공간으로 확장시키는 무한한 열림의 정서가 도드라진다.

> 바다가 배경일 때 섬은 가장 아름답다
>
> 완도행 뱃머리 언제나 파도 친다
> 한참을 지나서 배는 균형을 잡는다
> 바다와 바다 사이 점점이 섬
> 좁혀진 시야에 들어온
> 완고한 섬의 고집을 보았다
>
> 은빛의 광휘로 떨고 있는
> 섬은 바다가 토해낸 한 줌의 그리움
>
> 섬은 새끼손가락에 낀 바다의 가락지
> 생각을 접었다
> 낙조가 아름다운 것은
> 섬이 풀어내는 노을 때문
> 해넘이에 생각을 펼쳤다
> 수면 위 바다가 호응하며
> 별빛 고요히 부려놓는다
>
>   - 「섬은 바다의 가락지」 전문

완도여객선터미널에서 배를 타고 제주를 향해 출항하는 뱃머리에 서서 시야에 푸른 출렁임의 한가운데에서 "바다가 배경일 때 섬은 가장 아름답다"라고 선명한 이미지의 절창을 첫 행으로 솟구쳐낸다.

"은빛의 광휘로 떨고 있는/ 섬은" 일렁이는 포말 속에 생각을 접으며 부질없는 생각과 근심도 묻어버린다.

해넘이에 생각을 펼치며 "낙조가 아름다운 것은/ 섬이 풀어내는 노을 때문"이라는 시인의 사유로 하늘과 바다의 조화로움을 마음의 눈으로 고요히 그려내고 있다. 시인의 시선이 가닿은 형상에 바다의 가락지가 있다.

"섬은 새끼손가락에 낀 바다의 가락지"라고 담아내는 홍창수 시인 자신만의 고유의 섬과 섬 사이 바다를 오가며 쉼 없이 일어나는 크고 작은 파도처럼 사유의 파편들이 해저를 자맥질했을 것이다.

"바다의 가락지"에 "생각을 접었다"가 "해넘이에 생각을" 열어놓기도 한 것처럼. 시는 밀당을 가장 잘하는 애인에 견주어 볼 수 있다. 신비주의 가면을 쓰고 쉽게 주는 듯하다가도 휙 돌아서 버리고 살살 꼬드기면 "완고한 고집"을 풀어내고 단박에 얼굴을 보여주기도 한다.

고뇌도 시로 인한 경련도 창작의 한가운데서 감당해야 할 몫이다.

숨 쉬는 오늘
깨어 살아있구나
생각을 가진다면 깨달음이다

총총한 새벽별 바라보다가
문득 자신이 혼자가 아님을 느낀다면
그것은 깨달음이다

지는 노을 바라보며
오늘 하루가 무사했구나
한 점 부끄럼 없이 잘 살았다고 생각이 들면
이 또한 깨달음이다

평생을 함께한 사람과
이른 저녁을 먹고
따뜻한 차 한 잔 마주하고
서로 바라볼 수 있다면
더할 나위 없이 아름다운 날
깨달음의 날이다

무탈하게 가고 오는 일상이
우리의 앉고 일어섬이
그 모든 것이 감사로 여겨진다면
큰 깨달음이다

깨달음은 마음을 보는 일

- 「세밑이 가까워 오니」 전문

홍창수 시인의 연륜과 경험에 비추어볼 때 그의 깨달음은 조용하고 연속적인 순간들로 일상을 채우는 것이 바탕이며 잘 사는 삶의 본질이라는 것을 일깨운다. 평범한 것에 만족하고 그 가치를 찾는 것, 때때로 찾아오는 깨달음의 순간이 진정한 만족이며 그 순간이 아름다운 날이라는 진심이 담겨 있다.

살면서 큰 이변이나 혼란 없이 사는 삶을 추구하고자 하지만 평범하고 방해받지 않는 날들의 중요성이 명확해진다.

숨을 쉬는 동안에도 "총총한 새벽별 바라보다가" 혹은 하늘과 바다가 붉게 만나는 황홀하고 장엄한 일몰 앞에서, 일상 속 소중한 동반자와 따뜻한 차 한 잔 나누는 공간에서 받아들여지는 "한 점 부끄럼 없이 잘 살았다고", "더할 나위 없이 아름다운 날/ 깨달음의 날이다"하는 깨달음의 삶은 얼마나 기꺼울 것인가.

우리의 한 해가 저물 무렵에 지나간 일들을 반추해 보면 훌쩍 흘러간 세월에 공허나 허탈함도 있게 마련이다. 하지만 당연하게 여겼던 평화롭고 반복적인 날들이 가장 소중히 여기는 날들로 읊어짐은 오로지 마음의 영토가 넓은 사람이 가질 수 있는 여유와 평온함이 아닐까.

등대 그늘을 비껴 푸르스름한 햇살
지금은 고요하게 주변을 살펴야 할 때

바다를 오래 들여다보고 있으면
비울 것도 없고
채울 것도 없어진다
매이지 않고 자유롭고 편안하게
즐길 뿐이다

한 점 때 묻지 않은 순수의 바다

날마다 언어의 근육이 조금더 단단해지길 바라
현실과 이상, 삶과 죽음
예술과 철학이 밀물져 들어온다

- 「침묵의 힘」 전문

「침묵의 힘」 시에는 창공을 나는 갈매기도 한 척의 배도, 바람에 휘날리는 바다의 물결도 없는 오로지 시인과 넓은 바다만 있다. "지금은 고요하게 주변을 살펴야 할 때" 생각도 침묵 속에 잠기고 존재도 순수의 바닷속으로 잠겨든다.

침묵함으로써 사물들과의 무언의 조화로 다른 세계로의 전이를 시작한다. 무거운 마음을 끌고 바다 앞에 설 때마다 잡다한 생각을 잊게 되고 바다가 주는 침묵만이 온

전히 감싸안는다. 사물을 말없이 대하는 가운데 "한 점 때 묻지 않은 순수의 바다" 그러한 바다가 주는 무한한 치유의 선물이 있다.

시인은 "바다를 오래 들여다보고 있으면/ 비울 것도 없고/ 채울 것도 없어진다"고 한다. 침묵 속에서 창작의 심경을 비워내고 시적 즐거움으로 여백을 채우는 것을 알게 된다.

"현실과 이상, 삶과 죽음"의 기로에서 "예술과 철학이 밀물져 들어"오게 되면 말로 인해 파열되어 있던 침묵이 어떠한 모습으로 도약하는가. 침묵의 힘이 발현되는 시점은 우리의 삶 그 자체인 예술과 더불어 자연에 살아있는 모든 것에 대한 사랑이 이어져 나타나는 것이 아닐까 싶다.

홍창수 시인의 "언어의 근육이 조금더 단단해지길" 바다는 깊은 울림 없이 응답한다.

노을에 물든 바람을 타고
하늘을 날아오릅니다

전깃줄 보지 못하던 까치들
꽁지를 까닥이며 우짖는데

눈 닿은 빨간 우편함

손 넣어 텅 빈 속 더듬어본다
대답 대신
안부가 바다로 흘러가고

당신은 바다를 건너지 못하는 산처럼
멀고도 멀어
사람을 만난다는 것은 몸살을 앓는 일

몸속에는 꺼질 듯 말 듯 깜빡거리는 신호등

- 「당신은 하루를 건너는 노을」 전문

좋은 제목이 좋은 시로 이끌어가고 있다.
『당신은 하루를 건너는 노을』 시집을 펼쳐 읽다 보면 시는 깨달음 위에 피는 꽃으로 거듭난다.
시인은 저마다 쓰고 싶지만 이내 쓸 수 없는 시가 있다. 날 것의 이미지를 살려 그 시를 써 보려고 하지만 진작 옮겨 쓰지 못하고 생각 속에 머물 뿐이다. 홍창수 시인은 시가 삶이 되고 삶을 시적인 공간으로 연결 짓는다.
"노을에 물든 바람"과 "빨간 우편함" 그리고 "몸속에는 꺼질 듯 말 듯 깜빡거리는 신호등"의 붉음이 어둠 속에서도 밝게 빛나는 희망이 되어 하루를 건너고 있다. "전깃줄 보지 못하던 까치들"과 우편함 텅 비어 기다리는 당신의 안부는 내일을 위한 쉼표쯤으로 여겨도 좋을 것 같다.
만남을 가로막은 바다를 건너 그리움이 전해지는 곳까

지 시인의 발길을 이끌고 간다. 깊은 관조의 시선이 도드라진다. 멀고도 멀리 있어 당신을 만나지 못하는 고통의 시간이 시詩의 원천이 되고 영혼을 성장시키는 선물이 된 셈이다. 그래서 그가 다듬은 시는 기교나 현란한 수사보다 자연의 말을 받아쓰며 정갈한 시어로 시의 원천을 이루고 있다.

  노을은 자연과 사람을 연결해 주는 대상물이다. 보고 싶은 사람, 만나고 싶은 사람을 향해 하고픈 이야기를 노을에 실어 띄운다. 당신은 하루를 건너는 노을이다. 노을은 수려한 곡선이다. 닿지 않는 곳이다.

> 직선을 그리며 팽팽해진 전깃줄
> 첫 번째 새가 고개 갸우뚱거린다
> 기도가 끝나자
> 모두 어디론가 날아간다
>
> 굽은 길 곡선이 좋다는 생각
> 날개처럼 떠올랐다
>
> 한쪽에서만 불지 않는 바람
>
>   - 「곡선이 좋다」 부분

바람이 불었다
목살 좋은 나뭇가지 심하게 흔들렸다

한숨도 잠들지 못한 새 식구들
아침 햇살이 비스듬히 새가슴에 들이닥쳤다

날개는 밤을 접고 허공은 허공을 접는다
잠시 지구가 흔들리는 듯했다

잎 무성한 키 큰 늙은 소나무
햇살에 달군 이파리 마구 덮어 주었다

　　　　　　　　　　－「어느 좋은 날」 부분

  시의 힘은 둥글고 향기롭고 그 격이 높다. 시인이 택한 굽은 길에서 곧은 길에 없는 그 무엇을 발견하고 새로운 의미를 만들어간다.

  홍창수 시인은 곡선이라는 형상의 재료를 시에 녹여서 일상 속 낭만의 향기를 피운다. "전깃줄/ 첫 번째 새가 되었던" "키 큰 늙은 소나무"가 되었던 눈여겨보며 바람의 부는 방향에 대한 또 다른 시적 지평을 열어 주었다. 바람의 날개는 둥글게 허공을 접어 날아다닌다고.

  순행과 역행으로 흘러가는 삶의 곡예도 마음의 힘을 빼고 삶의 곡선에 맡겨야 한다. 장애물을 만나면 돌아서 날다가 또다시 아침이 오면 햇살 불러들여 기도를 마친 새들은 곡선의 길 위로 날개를 펼쳐 날아오른다. "기도가 끝나자" 날아오른 것을 보면 보금자리 둥지처럼 둥글게 살자고 기도하지 않았을까. 인간들처럼 내 편, 네 편 나누지 않으며 앉을 나뭇가지에 이분법 논리로 살지 말자고 약속하면서.

> 귤나무에 감귤이 열렸다
> 무게에 겨워 허리 꺾인 가지
> 나무인들 어찌 고통이 없으랴
>
> 나무 앞에서 함부로
> 계산기 두드리지 마라
>
> 나무는 나무이어야 한다
>
> 나무에 옷을 입히지 마라
> 어깨 너머 저녁노을 입은 나무
>
> 나무는 나무이어야 한다
>
> 돌아와 쭈그리고 앉아
> 한 줄의 참회록을 썼다
> 가을이 슬프지 않게
>
>   - 「가을이 슬프지 않게」 전문

사물이나 생명들이 있어야 할 곳에 있는 것이 아무것도 아닌 듯 보이지만 각각의 존재는 자연의 순환과 질서를 역행하지 않으며 공존한다. 나무의 빛나는 시절은 상처 입은 시절과 다르지 않다. 가을이 지나야 나뭇잎들은 나무 곁으로 땅으로 쓰러지고 엽록의 기억들을 간직하며 겨울을 맞이한다.

　"나무는 나무이어야 한다" 강한 여운으로 의미를 강조하며 나무의 한살이를 지켜보는 시인은 자연의 본질을 투시하는 과정에 참여하게 된다. 육체의 눈뿐만 아니라 마음의 눈을 통하여 진실에 닿고자 한다. 내부에서 약동하는 생명력의 에너지를 알고 "나무인들 어찌 고통이 없으랴"라며 꿰뚫는 눈이 매섭다.

　감귤농사를 짓는 농부로서 그는 땀방울로 키운 "나무 앞에서 함부로/ 계산기 두드리지" 못한다. 환경오염, 이상고온에 따른 잘 돌보지 못한 나무에 마음을 걸어 "가을이 슬프지 않게" 참회록 한 줄로 고백을 한다. 그리고 가슴에 심은 새로운 나무 한 그루와의 인연을 만들고 생명의 신비로움을 주고 받으며 풍성한 삶을 엮어 나갈 것이다.

낮 빛 두꺼운 볕 아래
곁가지 옷가지 가지마다
촘촘하게 꽃등 달았다
하도 붉고 붉어서 알아볼 수
없구나

그대 열정으로
도시에서는 가로등 켜지고
마을에서는 하루가 저문다

익은 낯이 되었으니
달빛 하나로 알아보겠구나

백일홍 피어있는 동안
너무 뜨겁지도 않게
너무 차갑지도 않게
꿈 같은 여름밤을 보낸다

- 「백일홍 옆에서」 전문

 홍창수 시인의 詩에는 자연과의 친화 또는 자연에의 순응을 노래하는 데 있으며 그의 일상과 단상이 정물화처럼 기록되어 있다. 또한 시편들마다 솔직 담백한 태도와 직관이 담겨 있다
 열정적 시 쓰기가 농사이며 그의 손길로 맺은 감귤이 한 편의 시다. 일상 가운데 놓치기 쉬운 언어를 잘 엮어

시로 승화시키고 있다. 시가 삶이요 삶이 시인 셈이다.

"곁가지 옷가지 가지마다/ 촘촘하게 꽃등 달았다" 보이지 않는 것조차 읽어내는 예리함이 있다. "익은 낯이 되었으니/ 달빛 하나로 알아보겠구나" 그것을 끝까지 키워내는 시인의 상상력과 자연의 내밀한 심상을 발견하게 된다.

우리는 하루를 건너는 노을 "백일홍 피어있는 동안/ 너무 뜨겁지도 않게/ 너무 차갑지도 않게" 홍창수 시인의 밝은 시심을 만나게 될 것이다.

당신은 하루를 건너는 노을
시와실천 시선 071

―――――――――――――――――

초판 1쇄 발행 | 2024년 10월 28일

지 은 이 | 홍창수
펴 낸 이 | 장한라
펴 낸 곳 | 도서출판 시와실천
책임편집 | 조남홍
디자인실장 | 한화금
표지디자인 | 디자인포인트
등록번호 | 제2018-000042호
등록일자 | 2018년 11월 27일
편 집 실 | 서울특별시 중구 충무로 7-1
전　　화 | 010-4549-8727
전자우편 | jhla22@daum.net

ⓒ홍창수, 2024, printed in Seoul, Korea

ISBN 979-11-90137-71-3 03810

값 10,000원

* 이 책은 제주특별자치도, 제주문화예술재단의 2024년도 문화예술지원사업의
  후원을 받아 발간되었습니다.
* 이 책의 판권은 지은이와 도서출판 시와실천에 있습니다.
  이 책 내용의 전부 또는 일부를 재사용하려면 반드시 양측의 서면동의를 받아야
  합니다.
* 이 도서의 국립중앙도서관 출판도서목록은 서지정보유통지원시스템 홈페이지
  (http://seoji.nl.go.kr)와 국가자료공동목록시스템 (http://www.nl.go.kr/
  kolisnet)에서 이용하실 수 있습니다.